AF224205

GAMBETTA

Conférence faite par M. Georges CAVALIER

le 15 mai 1875

à la Nouvelle Cour de Bruxelles.

Je voudrais que personne ne se méprît sur le but et le sens de la conférence que j'essaie devant vous, et je serais désolé si d'avance on interprétait à faux la pensée qui me guide. Je ne suis pas de ceux qui oublient jamais les liens d'une ancienne affection mutuelle ni les services rendus, et, plus que bien d'autres, l'ayant approché de plus près, je rends justice à l'intelligence supérieure de l'homme que son éloquence, son patriotisme invaincu, les services précédemment rendus à la cause démocratique et à la France, ont placé à la tête du parti républicain.

Mais c'est précisément parce que Gambetta se présente aujourd'hui comme une des personnalités politiques les plus marquantes, et partant les plus acclamées et les plus odieusement calomniées, qu'il appartient à la discussion. J'entends à la discussion sans parti pris, sans haine comme sans enthousiasme, et sans passion.

Il peut, entre gens qui s'estiment, après avoir

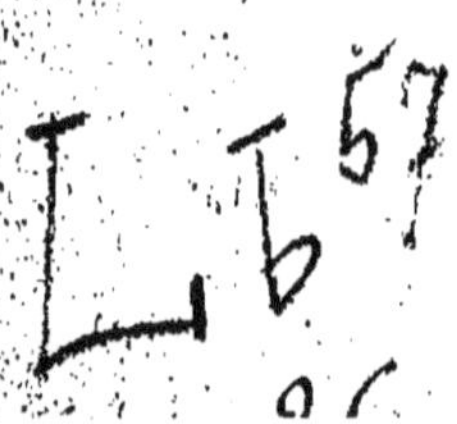

ensemble combattu le bon combat, exister, à tort ou à raison, des divergences d'opinion, nées des circonstances, des événements nouveaux, et je suis de ceux qui pensent que la parole a été donnée à l'homme pour exprimer en tout temps sa pensée.

Personne de vous sans doute ne croit à l'infaillibilité d'un homme, pas plus qu'à celle du pape, et j'ai assez de confiance dans l'intelligence de Gambetta pour croire qu'il accepte la discussion de ses paroles et de ses actes. N'en donnait-il pas d'ailleurs lui-même une preuve convaincante lorsqu'il se présentait hier devant ses premiers commettants, à Belleville?

Et n'a-t-il pas honnêtement avoué jadis s'être trompé, lorsqu'il disait au frère d'Emile Ollivier : « J'ai accom-
» pagné votre frère jusqu'à la porte, mais je ne fran-
» chirai pas le seuil avec lui » ?

Je me présente donc devant vous, fort de ma conscience, avec l'approbation de quelques amis qui partagent mes convictions, et, si je réclame votre indulgence, vous n'y verrez pas une formule banale ; c'est qu'il pourra m'arriver fatalement de me mettre en scène.

Messieurs,

La popularité de Gambetta ne date pas d'hier. Elle a pris naissance dans les dernières années de l'empire, et d'une façon éclatante, alors que derrière l'opposition banale des Jules Favre et des Ollivier, dont Morny se servait pour étayer parlementairement le régime impérial, naissait à la vie politique une génération nouvelle et turbulente, indemne d'avoir accepté ou subi le coup d'Etat nocturne du 2 décembre, et qui voyait l'avénement de ses désirs raisonnés, la République, dans un avenir prochain.

L'année 1859, qui vit, avec l'amnistie, rentrer un certain nombre d'exilés, que vous avez connus et justement estimés, vit aussi naître dans le quartier des Ecoles un mouvement qui ne tarda pas à s'étendre dans ce qu'on appelle, en langage officiel, les faubourgs. Il y eut alors une avalanche de journaux éphémères, qui naissaient aujourd'hui pour mourir demain et renaître de leurs cendres, laissant dans les geôles des traces vivantes de leur existence d'un jour. Plus d'un, qui combattait alors avec nous, a depuis, cédant à des considérations de vie organique, passé à l'ennemi. D'autres ont résisté, combattu jusqu'au dernier jour, jusqu'à la mort.

Parmi ces combattants de la première heure, se fit remarquer un jeune homme, à la parole colorée comme le teint, au geste bruyant, à l'enthousiasme facile et raisonneur, qui, dans la discussion, combattait fébrilement ses adversaires, et dont l'éloquence naturelle entraînait. Les jeunes se groupèrent rapidement autour de lui, croyant avoir trouvé le tempérament révolutionnaire le plus capable de les conduire à briser le despotisme odieux de l'empire.

Gambetta possède d'ailleurs toutes les qualités qui font le tribun militant. Une mémoire remarquable, et permettez-moi à ce sujet une anecdote toute personnelle : je l'ai entendu réciter, il y a de cela quinze ans, plusieurs pages de *Rabelais* par cœur à brûle-pourpoint, à la suite d'un défi : *Rabelais* était à cette époque et doit être encore son livre de chevet, ce qui fait honneur à son goût littéraire et s'accorde parfaitement avec l'esprit éminemment gaulois de sa conversation intime. C'est à cette mémoire toujours cultivée qu'il doit ses connaissances historiques sérieuses et cette précieuse faculté d'assimilation qui lui permet d'approfondir et posséder en peu de temps, au contact des hommes spéciaux, les questions scientifiques les plus ardues, les plus étrangères à sa première éducation. C'est ainsi qu'il sut, pendant la guerre, se mettre au courant de la lecture des cartes topographiques — lettre-morte pour beaucoup de nos officiers — et put discuter de son cabinet les mouvements militaires avec les rares généraux qui voulaient le comprendre. De plus, imbu des idées artistiques les plus novatrices, et, tout en vivant simplement, par nécessité, sensible aux raffinements du luxe de bon aloi, aux jouissances physiques, auxquelles notre but doit être de faire participer tous les citoyens, au même titre qu'aux jouissances intellectuelles.

Ai-je besoin d'ajouter qu'il manie la langue française comme les maîtres les plus éloquents en l'art d'écrire ? Il est des vérités qu'il est inutile d'affirmer, parce qu'elles s'affirment d'elles-mêmes.

Gambetta se trouva donc de fait le chef désigné pour conduire au combat toute la jeune phalange impatiente de faire crouler avant son couronnement l'édifice impérial.

Et, lorsqu'en 1868, la galère césarienne craquant par tous ses ais, il suffisait d'un coin pour la faire sombrer, lorsqu'on voulut exhumer de leur tombeau les victimes de Décembre et les dresser, sanglant épouvantail, devant le trône chancelant du bourreau, ce fut Gambetta que l'opinion publique désigna pour aider le spectre de Baudin à précipiter l'empire dans la fosse fatidiquement creusée dès le berceau de l'empire, et par l'empire lui-même.

Le lendemain, Gambetta disait, dans un admirable discours à la jeunesse, à ceux qui l'avaient porté sur leurs épaules en avant :

« S'il m'était permis de dire que j'ai une ambition » particulière, ce serait celle de résumer et de tra-

» duire, avec la fidélité, l'énergie et la sincérité d'une
» conscience qui a pris possession d'elle-même, vos
» aspirations et vos droits, et de poursuivre infatiga-
» blement la réalisation définitive de la liberté dans la
» forme républicaine.

. . . .

» Et si j'avais, quant à moi, un mot d'ordre à donner
» ou à recevoir, je n'en accepterais pas d'autre que
» celui-ci : Le travail en commun. *Laboremus!* »
(*Discours au banquet de la Jeunesse, le 4 avril*
1869.)

Nous avons travaillé ensemble, nous pouvons donc
lui demander : qu'as-tu fait? que feras-tu?

A ce mot d'ordre : *Laboremus!* Belleville répondit
en l'envoyant travailler à la chambre, et ce fut alors
un rude travailleur.

Baudin avait permis à Gambetta de prouver qu'il
était quelqu'un; Belleville en fit quelque chose. Et
Gambetta ne l'a pas oublié; car lorsqu'il veut se re-
tremper dans les effluves salutaires du courant populaire, c'est à Belleville qu'il va rendre compte de ses
travaux, de ses aspirations, de ses espérances, attes-
tant par deux fois qu'il tient par dessus tout à l'approbation de ses premiers commettants.

« Je suis toujours votre représentant, » leur disait-il
le 22 avril 1873, idée qu'il exprimait encore la même le
23 avril dernier, — à deux ans de date.

La guerre éclate, dynastique au début dans la pensée
de son auteur. L'ennemi foule bientôt le sol français.

Nos armées, nombreuses sur le papier, nulles sur le
champ de bataille, cèdent devant le flot envahisseur.
Le chef couronné qui les conduit à la défaite, avec la
préoccupation de sauver avant tout ses bagages, livre,
malgré leurs héroïques protestations, les 80,000 braves
qui forment notre dernière ressource, et, dans un hoquet

de dégoût, la France écœurée rejette d'un accord unanime et sans secousse l'immondice impérial, comprenant trop tard, hélas ! que la seule manière de *tout réparer*, c'est de se jeter résolument dans les bras de la République.

Il faut avoir vu l'enthousiasme dont Paris fut saisi dans cette belle journée ensoleillée du 4 septembre, pour comprendre comment le bon peuple, toujours naïf, et voyant dans le nom seul de sa désirée comme un palladium et un gage certain de victoire, se laissa faire avec insouciance, et vit sans protestation s'installer à l'Hôtel de Ville des hommes qu'il devait connaître pourtant de longue date et dont il n'avait pas eu à se louer dans le passé.

L'ennemi menaçait, non plus notre frontière, mais notre capitale, et, comme en 1848, il fit crédit au gouvernement provisoire de trois mois de misère, le peuple fit au gouvernement de la Défense nationale crédit de six mois de bataille. Nous compterons plus tard, pensait-il, après la victoire. Hélas ! quand il fallut compter, ce fut avec des vaincus, d'autant plus implacables qu'ils prenaient sur le peuple une revanche éclatante de leur défaite.

Gambetta seul, au milieu de ce gouvernement dont le peuple s'instituait le créancier à courte échéance, Gambetta seul offrait des garanties sérieuses, — et Rochefort, les deux nouveaux-venus. Encore ce dernier est-il plutôt, dans le vrai sens du mot, un pamphlétaire qu'un homme d'action, et, du reste, on ne tarda pas à le reléguer dans une sinécure à grand flafla populaire, la commission des Barricades.

A Gambetta revenait donc le poste important, la direction des affaires publiques, la prise en main de l'entraînement révolutionnaire qui devait conduire à la victoire ; j'ai nommé le ministère de l'intérieur. Il

sut s'en emparer. malgré la convoitise d'Ernest Picard,
— et ce fut heureux !

Voilà donc l'élément jeune installé place Beauveau.
Que va-t-il faire ?

Ce même jour, le 4 septembre, un ami demandait tran-
quillement, comme il aurait fait rue Montaigne : — Gambetta est-il chez lui ?—Monsieur le ministre vient de rentrer, répondit gravement l'huissier à cravate blanche.

Ne riez pas, Messieurs, cette phrase caractérise syn-
thétiquement, non seulement ce qu'on appelle à tort la
révolution du 4 septembre, mais encore bon nombre de
révolutions dont Paris a donné le signal. Les gouvernements tombent, les ministres passent, les huissiers
restent.

Un préjugé banal s'attache à cette *admirable organisation administrative que l'Europe nous envie*,
et vous savez que rien n'est plus difficile à déraciner
qu'un préjugé. Le mot d'ordre du gouvernement du
4 septembre, bientôt connu, fut de respecter l'état de
choses établi ; de ne point toucher aux situations acquises, de faire tout simplement de la défense nationale, mot malheureux qui servit d'enseigne, à l'abri
duquel purent ouvertement se tramer les conspira-
tions les plus odieuses, s'étaler les défaillances les
plus coupables. Et dès le lendemain, on pouvait dire
avec sûreté : Rien n'est changé en France, il n'y a qu'un
empereur de moins.

Gambetta, qui n'était pas le maître, ne put se sous-
traire à cette influence, et dans les choix qu'il fit pour
renouveler le haut personnel administratif des préfec-
tures et sous-préfectures, se retrouve cette préoccupation constante de respecter les situations acquises dans
le parti de l'opposition, qui comptait, lui aussi, sa
petite hiérarchie gouvernementale.

Il existait d'ailleurs à cette époque dans les sphères

du gouvernement, dont le premier tort fut de se ren-
fermer dans une ville assiégée qui réclamait seulement
un gouverneur militaire et son conseil communal, il
existait, dis-je, cette idée préconçue que la guerre
allait finir en quelques jours. C'était bien peu connaître
l'ennemi. La guerre continua, malgré les larmes de
convention de l'impuissant Jules Favre, et si le patriotisme du peuple de Paris maudissait la faiblesse de son
gouvernement, pris dans la souricière, la faiblesse de
la délégation provinciale au début ne pouvait guères
réchauffer le patriotisme éteint de la province.

Il fallait un homme aux colères viriles pour fouetter
le sang de la France assoupie dans une quiétude mal-
saine de dix-huit ans, et qui n'avait depuis longtemps
entendu de canon que celui des Invalides annonçant
des victoires lointaines.

Gambetta fut cet homme. Persuadé que dans son
élan Paris forcerait la main aux pontifes de l'Hôtel de
Ville, il n'hésita pas à partir, d'accord avec ses col-
lègues qui le craignaient un peu, qui redoutaient à un
moment donné son influence alors assez considérable
sur les masses populaires.

Les journaux innommables ont pu faire des gorges
chaudes sur cette « *fuite en ballon* ». Nous savons
— une douloureuse et récente expérience en a donné
une nouvelle preuve — ce que comporte de dangers
une pareille expédition, et je ne crois être démenti de
personne en affirmant ici que Gambetta, bravant les
périls du voyage et de la descente sous les bayonnettes
prussiennes, fit acte de grand citoyen.

« Travaillons, messieurs, » tel fut son premier mot lorsqu'il arriva dans les bureaux de la préfecture, à Tours.
Laboremus! Et tous ceux qui l'ont approché, comme
moi, dans cette période douloureuse, ont pu appré-
cier de quelle somme de travail, de quelle dévorante

activité, de quelle énergie fut capable son patriotisme.

Je tiens à le proclamer hautement, Messieurs, le
patriotisme de Gambetta est indiscutable. Jamais,
dans les plus mauvais jours de nos revers, il ne déses-
péra, et je ne crois pas qu'un cœur français ait saigné
plus que le sien, lorsque le dernier mot fut dit sur la
défaite et la confusion temporaire de la France. Ce
patriotisme vit encore, il est resté le même, toujours
debout, invaincu, et l'irréconciliable de l'empire de-
meure, au même titre, irréconciliable avec le vainqueur étranger.

Et je suis d'autant plus désintéressé à lui rendre cet
hommage fidèle que je ne partage pas absolument ses
convictions, plaçant au-dessus des questions de frontière et de nationalité la grande question de l'indépendance humaine et de la justice.

Les faits matériels immédiats sont d'ailleurs là pour
attester l'énergie patriotique de Gambetta.

Le 12 septembre 1870, quand la délégation provinciale première quitta Paris, la France comptait sous
les armes un effectif de 35,000 hommes environ, dont
7,000 dans les Vosges et 28,000 échelonnés autour
d'Orléans. En dehors de l'artillerie à peine suffisante
de ces petites armées, une seule batterie disponible à
Toulouse; — encore manquait-elle de harnais. Les arse-
naux, les magasins, vides ou remplis de vieilles mar-
chandises, oubliées, hors d'usage.

Le 18 janvier, les états nominatifs de l'armée consta-
taient la présence de 818,000 hommes, rassemblés,
équipés, armés, à raison de 5,000 par jour, au compte
de M. Freycinet, dont le dernier ban, doué d'une
instruction rudimentaire, il est vrai, pouvait du moins
entrer utilement en seconde ligne et réparer les brèches
nombreuses que cette formidable guerre de 6 mois avait

faites dans les rangs de nos valeureuses troupes de la Loire, de l'Est et du Nord.

A l'artillerie prussienne nous pouvions opposer deux cents batteries improvisées ; et, dès le mois de novembre, l'armée de la Loire comptait 120,000 hommes disciplinés et 500 canons de campagne, sans compter les pièces de position.

N'est-ce pas là de véritables faits matériels probants ? Je ne veux pas m'étendre ici sur les détails d'organisation, télégraphes, services administratifs, reconnaissances militaires... Tout était à faire. Tout fut fait.

Ah ! Messieurs, nul Français n'a le droit d'oublier cela. Ce fut un grand spectacle que celui de la France rendue à elle-même, délivrée d'un homme que ses programmes ambitieux ont perdu, faisant trève à l'esprit de conquête qu'on a pris l'habitude de lui reprocher, non sans raisons apparentes, et se concentrant tout entière à défendre son indépendance nationale compromise par l'incurie de l'*homme providentiel* qui s'était, de son chef, institué son sauveur. Spectacle plein d'enseignements pour les peuples et les diplomates aux conquêtes faciles.

L'on m'objectera peut-être que ces résultats matériels ne prouvent rien auprès du résultat final. La réponse est facile. Lorsqu'un peuple est à deux doigts de sa perte, un homme ne peut suffire à le sauver, s'il ne s'aide pas lui-même, surtout quand cet homme apporte dans sa mission un patriotisme assez consciencieux pour croire au patriotisme quand même de ses concitoyens.

Gambetta, certes, était de bonne foi, quand il disait : vaincre l'ennemi d'abord, faire la République ensuite. Mais sa bonne foi justement lui faisait commettre cette grave erreur d'appeler à la rescousse les hommes de toutes les nuances, de tous les partis, oubliant que plus d'un venait à lui dans la seule préoccupation de combattre, non l'ennemi, mais la République, et de se ménager, pour l'avenir, en prêchant la défaillance au pays, à l'ombre du gouvernement, quelque grasse position officielle.

Nous les avons vus à l'œuvre, les hommes de la paix honorable à tout prix, les hommes d'affaires véreuses dont les transactions honteuses étaient facilitées par les difficultés des communications et le désarroi forcé d'une administration nouvelle aux abois, et nous pourrions citer tel haut personnage qu'on appelle encore le plus grand patriote français, et dont, pendant la guerre, la politique consista simplemeut à jeter des bâtons dans les jambes de ce *fou furieux* qui croyait à la patrie !

Et puis toujours ce malencontreux mot d'ordre de Paris, que Gambetta suivait en province. Rester dans la légalité, respecter les situations acquises.

Rester dans la légalité, comme si la guerre, chose essentiellement anormale, pouvait s'accommoder de lois normales. Mais à force d'y rester, dans la légalité, quand les nécessités du moment contraignaient d'en sortir, chacun n'avait-il pas alors le droit de crier à l'autoritarisme, à la dictature? Et l'on arrivait à cette conséquence fatale que le gouvernement paraissait avoir une politique d'expédients et de personnes.

La presse était libre, les journaux clabaudaient à qui mieux mieux, et peu d'entre eux défendaient le gouvernement que le plus grand nombre attaquait maladroitement. Croyez-vous qu'il suffît de supprimer par-ci par-là quelque feuille malveillante, ou d'arrêter un journaliste qu'on relâchait aussitôt, lui donnant ainsi le droit de protester contre une arrestation arbitraire? Et n'eût-il pas mieux valu supprimer d'un coup toute la presse, en laissant la parole au seul journal officiel, répandu gratuitement à profusion dans les communes ? Quand la parole est au canon, reste-t-il une place à la parole écrite, et les caractères d'imprimerie ne doivent-ils pas servir à fondre des balles ?

L'industrie privée nous est utile ; ne faut-il pas la mettre en réquisition ? Quand le pays est au tiers envahi, peut-il rester un bras qui ne travaille à la défense avec le fusil, l'aiguille ou le marteau ? Et, si l'incurie calculée des hauts barons de la finance met le désordre dans les transports des chemins de fer, l'Etat n'est-il pas en droit de se substituer temporairement à des gens qui voient seulement dans la guerre leur matériel endommagé, leurs travaux d'art détruits, leurs capitaux en péril ?

Quant il s'agit de l'intérêt de tous, l'intérêt de chacun ne doit-il pas disparaître devant le salut commun ?

Respecter les situations acquises ; mais lorsqu'un général d'occasion, comme M. Estancelin, montre toujours ses galons sur le chemin de la retraite, lorsqu'un autre général que l'empire n'avait même pas osé imposer à la garde nationale de Paris, M. de la Motte-Rouge, abandonne Orléans, laissant inutilement écraser les zouaves pontificaux de Charrette et la légion étrangère à la tête de laquelle tombe glorieusement le commandant Arago, faut-il donc, parce que la loi le veut, réunir une cour martiale, bonne tout au plus à les acquitter ? Non certes, mais il faut encore moins les maintenir, ou leur donner un nouveau commandement, comme à d'Aurelles de Paladines, envoyé, grand prévôt sans doute, au 19ᵉ corps à Carentan, après l'abandon du camp d'Orléans, dans lequel il affirmait huit jours auparavant pouvoir tenir avec 25,000 hommes contre une armée de 150.000 soldats.

Si les chefs sont ainsi respectés dans leurs impardonnables fautes, qu'importe que la discipline exige l'exécution sommaire de quelque pauvre diable coupable d'avoir maraudé une poule, un jour de neige et de faim?

Nos pères de 93 l'avaient bien compris. Devant l'ennemi, incapacité vaut trahison.

Ce n'est pas avec des proclamations et des discours, si patriotiques qu'ils soient, que l'on réchauffe le patriotisme engourdi du paysan, dont toute la préoccupation est de vendre sa vache ou son blé, tout aussi bien au Prussien qu'au Français, du commerçant qui préfère ouvrir sa caisse et ne pas voir tomber les obus sur sa boutique.

Ce qu'il fallait, c'était organiser la République en même temps que la défense, et ne pas hésiter devant les moyens révolutionnaires ; et j'entends par ce mot, prendre toutes les mesures les plus extrêmes commandées par les circonstances, évincer les gens suspects, se défier du patriotisme de tous et lui forcer la main énergiquement, en proclamant la loi martiale, en faisant incomber à chacun la responsabilité de ses actes par une répression implacable et sainement terrifiante.

Et je saisis l'occasion qui m'est offerte de relever ce reproche que l'on a fait à Gambetta, de n'avoir pas laissé aux communes assez de liberté dans l'organisation et l'armement de leur contingent respectif. Erreur grave, messieurs, je le déclare, au risque de froisser des coreligionnaires politiques. Il faudrait plutôt lui faire le reproche de n'avoir pas été suffisamment dictateur militaire, et d'avoir un peu trop oublié, peut-être, qu'en présence des bataillons centralisés de l'Allemagne et de leur admirable discipline, il fallait avant tout centraliser l'organisation des forces de la résistance.

Et qui peut prévoir les résultats possibles, si cette politique vigoureuse avait remplacé la politique hésitante du gouvernement de la province ?

Mais, comme dit Laplace, le calcul ne donne jamais que les résultats prévus par les données de l'équation première. Il ne faut donc pas s'étonner, en partant de ce point de départ, si le résultat moral et définitif n'a pas répondu aux résultats matériels immédiats.

Enfin Paris tomba. La province, qu'il fallait soutenir en lui présentant Paris comme objectif, la province en avait assez de cet effort trop rude à ses épaules affaissées par dix-huit ans de despotisme ; il fallut courber la tête et subir la défaite avec les conditions du vainqueur.

La France était mutilée, la République était en danger de mort.

Gambetta versa des larmes amères, victime désolée de son propre patriotisme ; mais il ne se laissa pas accabler. Il essaya la lutte et voulut au moins sauver l'enfant qui naissait dans de si pénibles conditions d'existence.

De là le décret tardif dissolvant les conseils généraux, ces foyers endurcis de réaction, nés de la candidature officielle. De là aussi cet autre décret d'une si haute portée morale, qui frappait les anciens fonctionnaires de l'empire d'indignité vis-à-vis le suffrage universel et l'assemblée des représentants de la France.

Le faible gouvernement de Paris, coupable déjà de la dépêche incompréhensible de Jules Favre, et subissant la pression du maître, jouant sur les mots : *Assemblée librement élue !* s'inscrivit en faux par l'organe de Bismark contre cette décision si pleinement justifiée.

Gambetta résista jusqu'au bout — dans la légalité.

Fallait-il pousser la résistance plus loin, et comme le lui conseillaient à la légère les républicains du midi, lever contre le gouvernement, que le rétablissement des communications rendait régulier, l'étendard de la révolte?

C'était la guerre dans des conditions impossibles. C'était Paris, en vertu d'un armistice indignement conclu au nom de toute la France, et dont l'ennemi pouvait appliquer la lettre, Paris livré peut-être à la famine.

On ne fait, même en révolution, de coup d'Etat qu'avec la certitude de réussir.

Gambetta se retira et fit bien.

Neuf départements l'envoyèrent à la Chambre affirmer sa politique, et l'assemblée put, sans son concours, se couvrir de honte en votant à la diable et sans discussion les conditions d'une paix dont l'honneur de la France seul sortait sauf, un peu grâce à lui, dans cette fatale séance où Barthélemy-St-Hilaire, avec des larmes dans la voix, prononça cette phrase digne, en d'autres temps, du Palais-Royal : « *Metz nous est enlevé, mais Belfort nous reste.* »

Puis Gambetta fit comme Achille, et rentra dans sa tente.

Ai-je besoin de répondre ici aux indignes calomnies qui ont essayé de salir la conduite personnelle, la vie intime de Gambetta durant cette période de lutte et de travail incessant? Non, messieurs, il est des injures qu'on ne relève pas.

Permettez-moi de relever seulement cette accusation banale qu'on jette habituellement à la tête de tous les gouvernements républicains, et qui peut malheureusement séduire les esprits faibles, qui voient uniquement dans l'exercice du pouvoir un moyen de s'enrichir.

Que Laurier, que d'autres agents subalternes, que des trafiquants sans vergogne aient battu monnaie avec les malheurs de la patrie, je n'en sais rien et ne veux pas le savoir. Tant pis pour eux !

Mais je puis affirmer, hautement, *de visu*, que Gambetta est sorti du pouvoir les mains vides comme il y est entré. Il suffit d'ailleurs, pour s'en convaincre, de voir la vie simple qu'il mène toujours à Paris. De ce fait qui n'a rien que de naturel, Gambetta ne tire aucune vanité, pas plus que ses anciens compagnons de travail, ni ceux qui, plus tard, après le grand mouvement insurrectionnel de Paris, sont venus étonner l'étranger par la patience avec laquelle ils supportent leur misère.

Si je me suis étendu longuement ainsi sur la partie active de la vie de Gambetta, c'est que j'ai voulu vous montrer complétement l'homme combattant avec une persistante énergie l'empire d'abord, la Prusse ensuite, ces deux obstacles à l'accomplissement du programme qu'il s'était imposé à lui-même.

Dans cette double lutte, nous l'avons soutenu sans hésitation, sans arrière-pensée.

Il me reste, et c'est la partie la plus lourde de ma tâche, à discuter les voies et moyens qu'il a cru devoir employer, après avoir détruit l'un et subi les conditions de l'autre, pour édifier cette *république réelle* à laquelle il a voué sa vie. Et c'est là que nous nous séparons de lui.

En commençant, laissez-moi vous dire, Messieurs, que s'il en est parmi vous d'attachés par sentiment ou conviction raisonnée, aux idées monarchiques, ce n'est pas pour eux que je parle. Non que je ne respecte tous sentiments ou convictions, mais nous ne saurions nous entendre, ne parlant pas la même langue.

Nous autres, comme le disait Gambetta à la jeunesse :

« Nous avons pris l'engagement devant vous et pour
» les autres, puisque nous reconnaissons la démocratie
» et le suffrage universel, de nous vouer sincèrement à

» l'émancipation de ceux qui n'ont pas joui du même
» bénéfice de la fortune, de les attirer vers nous et de
» travailler à leur assurer tous les jours plus de
» lumière et de bien être. » (*Discours au banquet de
la Jeunesse.*)

Comme lui,

» Non, non, nous ne voulons pas d'une République
» mensongère, nous voulons d'une République réelle, et
» si on ne l'a pas essayée, c'est une raison de plus pour
» la faire. » (*Discours contre le Plébiscite, le 5 avril*
1870.)

Ces fières paroles, qui sont notre programme, Messieurs, ont été prononcées en plein Corps législatif impérial, au moment du plébiscite.

Et ne vous étonnez pas, Messieurs, si j'abuse des citations, mais je pense qu'on ne peut mieux juger un homme que par lui-même. — Du reste, vous y gagnerez.

Ce programme, à cette époque, Gambetta le proclamait jusque dans ses plus hardies conséquences :

« Ah ! non pas, entendez-le bien, disait-il, que si dans
» une heure de vertige ou de provocation au mépris du
» droit éternel, un homme osait pour la seconde fois
» tenter les aventures de la violence, je veuille dire
» qu'on ne puisse pas opposer la force à la force.

» Mais, mes amis, ce suprême recours, il ne doit être
» que la suprême revanche du droit menacé. » (*Discours au banquet de la Jeunesse.*)

Or, le 18 mars 1871, sans parler de la provocation directe à main armée dans l'affaire des canons de Montmartre, n'y avait-il pas provocation directe au mépris du droit éternel, et n'était-ce pas l'heure de la suprême revanche du droit menacé par l'attitude essentiellement monarchique de l'illégale assemblée de Bordeaux dont le mandat de paix était expiré ?

Laissez-moi vous le dire, Messieurs, le mouvement inopiné du 18 mars est mal connu dans ses origines et ses premières conclusions. Plus tard, lorsque, dégagée des préoccupations, des colères, des enthousiasmes et des haines du moment, l'histoire impartiale parlera, elle pourra dire que, fatigué par les souffrances inutiles d'un long siége, justement indigné contre la mollesse indifférente, pour ne pas dire plus, de ceux auxquels il avait confié le soin de son salut, Paris entra dans une violente colère patriotique et voulut, à défaut de la France, sauver au moins la République en péril.

Patriotes égarés, a dit M. Thiers ; égarés, je conteste le mot ; patriotes, j'en prends acte.

Le socialisme, quel qu'il soit, n'entrait pour rien dans ce qu'on peut considérer comme la vraie période révolutionnaire d'attente du 18 au 26 mars. Il y avait seulement des républicains, de ceux qui jadis avaient combattu sous la bannière de Gambetta. Ce fut après coup, quand Paris se trouva seul engagé dans la lutte, que l'allure du mouvement se modifia, et c'est seulement après la défaite qu'on en a pu constater la résultante idéale.

Or d'où vint cet isolement de Paris ? précisément, logiquement de ce fait que Paris avait eu, pendant la guerre, ses intérêts isolés de ceux de la province. Mais si le mot d'ordre était venu de la province en même temps, je ne suis pas le seul à croire que la République était sauvée, sans qu'il fût tiré un seul coup de fusil.

On se rappelle l'attitude indécise, au début, des grandes villes républicaines, attendant les instructions de leurs chefs, et l'on sait, pour les maintenir dans le devoir, quelles promesses M. Thiers a dû leur faire ; promesses que l'on s'est empressé d'oublier — naturellement.

Mais qui donc pouvait donner ce mot d'ordre? l'homme assurément auquel son patriotisme héroïquement malheureux avait conquis dans les rangs du parti démocratique le rang suprême. Cet homme n'avait qu'un mot à dire. Gambetta se tut; les autres républicains, dont l'influence pouvait être décisive, imitèrent son exemple, et Paris isolé fut vaincu, terriblement vaincu.

Je n'accuse pas, Messieurs, je dis ce que je crois juste, je raisonne et je conclus que Gambetta, même à son point de vue personnel, a commis en cette circonstance une faute politique d'autant plus grave que la tâche était plus facile à remplir.

N'a-t-il pas cru au succès? a-t-il voulu réserver l'avenir? sans doute. Moi, je crois qu'il aurait décidé le succès.

Ecoutons le jugement sévère qu'a prononcé, quelques jours avant sa mort, un homme logique, le colonel Rossel :

« Vous vous repentirez, vous autres républicains, de » n'avoir pas fait comme moi. Il faut connaître bien » peu nos révolutions pour ne pas comprendre la » nécessité de se joindre au parti le plus extrême. Le » 18 mars, l'armée, la France, la République étaient aux » Républicains...

. . . .

» Lorsque je suis allé rejoindre l'insurrection, je ne » comptais pas sur le succès. J'obéissais à un devoir » politique. Lorsqu'une guerre civile est engagée, il » faut que tout citoyen soutienne son parti. Républi- » cain, mon parti était à Paris. Il est des gens qui se » disent républicains et qui n'étaient nulle part à cette » époque. » (ROSSEL, *Derniers jours*.)

Gambetta a-t-il, plus tard, regretté l'attitude de neutralité qu'il avait prise? Qui peut savoir, à moins d'être son confident intime, les pensers qu'il roule dans sa tête, alors que, pour arriver à faire triompher son idée, dans les luttes mesquines du parlement de Versailles, il se voit obligé d'entasser concessions sur concessions? Qui sait s'il ne fait pas un douloureux retour en arrière vers cette lutte puissante dont la chûte ne fut pas, assurément, sans grandeur?

En tous cas, j'ai retenu cet aveu volontairement sorti de sa bouche : « C'est à la Commune que nous devons d'avoir conservé la république. »

République de nom, direz-vous avec raison. République de fait et de droit, répond Gambetta quelque temps avant sa rentrée aux affaires publiques, dans son grand discours-ministre de Bordeaux, le 20 juin 1871 :

« Il faut donc maintenir et appuyer notre gouverne-
» ment, la République, en fait et en droit. Sans discu-
» ter sur les nuances puériles, permettez-moi de
» vous dire qu'un gouvernement au nom duquel on fait
» des lois, on fait la paix, on lève des milliards, on
» rend la justice, on dompte des émeutes qui auraient
» suffi à emporter dix monarchies, est un gouverne-
» ment établi et légitime, qui prouve sa force et son
» droit par ses actes mêmes. Ce gouvernement s'im-
» pose au respect de tous, et quiconque le menace est
» un factieux. » (*Discours à Bordeaux, le 20 juin* 1871.)

Singulière contradiction avec les fières paroles du passé que j'ai citées plus haut, et que nous sommes loin de cette *république réelle* à laquelle il a consacré sa vie entière !

Contradiction qui s'explique cependant, et précisément par le but à atteindre, qui semble dès lors à ses yeux nécessiter une marche plus oblique, plus alam-biquée, disons le mot, une marche essentiellement politique et parlementaire.

Je cite à la suite :

« C'ést à ce respect du mérite et de la moralité que
» nous avons vainement rappelé l'empire ; c'était même
» parce que la morale s'oppose à toute transaction avec
» un pouvoir fondé sur le crime et maintenu par la
» corruption que notre opposition était alors irrécon-
» ciliable et révolutionnaire. »

Remarquez en passant, Messieurs, que cette digres-
sion, dont le seul tort est d'introduire la sentimentalité
dans la politique, était bien nécessaire ; car la définition
précédente du gouvernement de fait et de droit peut
s'appliquer à l'empire, tout comme à la république de
1871. L'empire, lui aussi, faisait des lois, faisait la
paix, levait des milliards, rendait la justice et domptait
des émeutes, — des émeutes qu'il fomentait lui-même.

« Aujourd'hui, l'opposition sous le gouvernement
» républicain, change de caractère, et modifie sa na-
» ture et ses plans de conduite ; elle doit presser et
» contrôler, et non détruire. » (*Discours à Bordeaux.*)

Voilà, je pense, une politique d'opposition républicaine nettement définie.

Examinons d'abord ses moyens d'action, puis ses
conséquences actuelles et probables.

Ce n'est plus le temps où l'on pouvait dire en face de
l'empereur :

« Je parle pour dégager les principes, auxquels j'ai
» voué tout ce que j'ai de force et d'intelligence, des
» compromissions que je considère comme funestes et
» dangereuses. » (*Discours contre le Plébiscite.*)

Certes, il ne s'agit pas de céder sur les principes,
mais il sera loisible de faire certaines compromissions,
— du moins avec les personnes.

« Car nous voulons présenter au pays ce spectacle de
» républicains de naissance qui restent dans l'opposi-
» sition, en face de monarchistes convertis, et forcés,
» par la cohésion du parti républicain et la légitimité

» de la République, d'accomplir les réformes qu'elle
» commande. Mais il faut pour cela que le parti répu-
» blicain soit d'une absolue sévérité sur les principes ;
» et nous le déclarons ici ; oui! nous serons indulgents
» pour les personnes; oui! nous nous montrerons fa-
» ciles à ouvrir la porte ; mais nous demeurerons
» implacables sur les principes. » *(Discours à Bordeaux.)*

Mais vous ne prenez pas garde que si vous ouvrez la porte à un trop grand nombre de ces monarchistes, ennemis logiques de vos principes, ils pourront la refermer sur vous, et vous écraser du même coup, vos principes et vous.

Et cela vous conduit à quoi ? à expérimenter l'*Essai loyal*, après avoir dit :

« On peut faire des expériences avec un peuple, mais » on n'en a pas le droit. » *(Discours contre le Plébiscite.)*

A accepter comme gouvernement de fait et de droit la constitution Rivet, la constitution des Trente, le Septennat personnel ou impersonnel ; en un mot, tous les *vocables* inventés au profit de la république sans républicains ; enfin à supplier vos amis de voter la constitution définitive — jusqu'à nouvel ordre — du 25 février dernier.

Et cela d'entière bonne foi, j'en veux être convaincu ; car j'aime avant tout à remontrer la bonne foi chez l'adversaire que je place en face de moi.

De cette constitution, je ne retiens qu'un article: l'établissement de deux Chambres.

Dès 1870, Gambetta comptait parmi les cinq violations fondamentales du Senatus-consulte plébiscitaire au suffrage universel, l'établissement de ces deux Chambres, protestant ainsi contre :

« La constitution d'une Chambre haute dans un pays

» d'égalité qui n'a aucun moyen de remplacer l'in-
» fluence domaniale, aristocratique des Anglais, ou
» bien de réaliser dans sa propre démocratie une insti-
» tution analogue au Sénat américain, parce que la
» Chambre haute, le Sénat américain représente le
» suffrage universel sous un aspect qui est absolument
» impossible en France, c'est la souveraineté des Etats,
» c'est l'autonomie fédérale.... » (Discours contre le
Plébiscite.)

Et plus tard, devant la commission des Trente, il
disait :

« On nous présente la création d'une seconde Cham-
» bre comme nécessaire : pourquoi faire? Pour être,
» dit-on, une Chambre de résistance.

. . . .

» Mais, en attendant, Messieurs, nous, républicains,
» comment pourrions-nous consentir à ce qu'on exa-
» minât même la création d'une Chambre de résistance.
» De résistance à qui? A une assemblée qui sera souve-
» raine comme la nôtre est souveraine... » (Discours
à l'Assemblée nationale, le 28 février 1873.)

Aujourd'hui, les temps sont changés ; le Sénat devient
le grand conseil des communes de France !

Laissez-moi, Messieurs, à ce sujet, emprunter mes
arguments à l'un des journalistes les plus instruits, les
plus compétents de la Belgique — je ne saurais en
trouver de meilleurs :

» Grand conseil des communes de France, — cela à
» l'air de dire quelque chose et cela ne dit pourtant
» absolument rien. Je serais presque tenté de deman-
» der tout d'abord à M. Gambetta s'il y a vraiment des
» communes en France.

» Il y a évidemment, dans ce pays comme dans beau-
» coup d'autres, des circonscriptions administratives
» qui portent le nom de commune. Il y a aussi des

» corps administratifs appelés conseils municipaux.
» Mais il n'y a rien qu'on puisse raisonnablement re-
» connaître comme une collectivité autonome, telle que
» l'indique le mot de commune employé par M. Gam-
» betta.

. . . .

» En réalité, ce fameux collége électoral où les délé-
» gués des conseils municipaux seront en très grande
» majorité, c'est tout simplement le suffrage à trois
» degrés, et je défie bien le plus tiède des libéraux
» d'en prendre la défense, au point de vue du principe.

. . . .

» En dépit de l'hymne entonné par lui en l'honneur
» des paysans, je ne suis pas sans souci à l'endroit de
» la part si large, si prépondérante que la loi du Sénat
» à faite aux campagnes dans la composition du col-
» lége électoral pour le Sénat.

. . . .

» Je souhaite que l'évènement me donne tort, mais
» je n'en serai pas moins surpris, je le déclare, que de
» l'apologie même du Sénat faite par M. Gambetta. »
(Chronique du dimanche 2 mai 1875.)

Certes, si quelqu'un a dû être aussi surpris que l'auteur de ce remarquable article, c'est assurément les
anciens électeurs de Gambetta, s'il en reste ; car beaucoup d'entre les citoyens de ce quartier, qui fut des plus
éprouvés, sont morts ou loin du sol natal.

Après ce dernier exemple, je crois inutile de multi-
plier les citations, ni d'insister sur les contradictions
apparentes que l'on peut relever entre le Gambetta
d'autrefois et le Gambetta d'aujourd'hui.

Je dis contradictions apparentes, parce que de ces
contradictions même je tire cette conclusion qu'il n'a
pas varié et qu'il peut dire avec raison :

« Je suis ici, au milieu de vous, mes chers conci-

» toyens, tel que vous m'avez toujours connu. » (*Discours à Belleville, le 23 avril* 1875.)

Je m'explique, Messieurs, si Gambetta, comme il le proclame, n'a pas changé au point de vue des principes, et si pourtant nous devons constater des variations périodiques dans sa conduite, dans ses outils de travail, c'est que, dès son entrée dans la carrière politique, Gambetta s'est placé sur le terrain du Parlementarisme. Oui, dès 1870, Gambetta était un parlementaire, parlementaire il est resté.

Or, qu'est-ce que le parlementarisme? laissons le définir par lui-même : je lis dans le premier discours à Belleville, le 22 avril 1873.

« Je vous l'ai déjà dit, messieurs, dans l'enceinte du
» Parlement, j'ai toujours été disposé à consentir aux
» transactions et aux compromis que comporte la lutte
» parlementaire, parce que, dans le parlement, il n'y a
» pas le pays, mais seulement ses représentants, on
» peut, sur tel point, avec tel parti, avec tel groupe
» parlementaire, amener, à l'aide d'un arrangement
» discuté, d'un concert délibéré, tel ou tel résultat
» qu'on désire, parce qu'on le croit avantageux au pays.

» Cette politique nous imposait beaucoup de ména-
» gements, beaucoup de précautions, et enfin l'emploi
» d'une infinité de moyens termes. Mais où? dans le
» Parlement, sur le terrain naturel des transactions
» politiques, dans le domaine réservé à la confection
» des lois, à la triture des affaires, dans ce qu'on peut
» appeler le ménage quotidien de la vie politique du
» pays.

» Voilà où les concessions, de la part du parti répu-
» blicain, sont nécessaires, justes, souvent avantageuses
» pour nous, toujours efficaces sur l'opinion ; elles nous
» ont permis d'affermir peu à peu ce pouvoir qui n'avait
» de République que le nom, et qui, par une heureuse

« fortune, se trouvait aux mains d'un homme plus digne
» qu'aucun autre de le détenir, d'un homme aux lu-
» mières, à l'expérience, à la sagesse, au renom duquel
» l'Europe entière rend hommage. »

J'appelle ici, Messieurs, votre attention sur cette dernière phrase qui donne l'explication de bien des alliances d'opportunité que les principes repoussent catégoriquement.

Cette définition nettement formulée du parlementarisme me suffit, et sans vouloir en donner une traduction plus littérale, je vous le demande, au milieu de ces précautions, de ces ménagements, de ces moyens termes, de ces concessions, de ces transactions et compromis, de ces concerts délibérés, ne peut-on pas craindre de voir se noyer complétement les principes ?

Et quels sont d'ailleurs les résultats actuels de cette politique, résultats que bien des républicains sincères et convaincus acceptent à tort, suivant nous, comme concluants ?

De concessions en concessions, le parti républicain croit avoir constitué une majorité conservatrice, — d'elle-même, « une majorité, dites-vous, d'honnêtes
» gens, de citoyens dévoués, dont les uns ont fait de
» réels sacrifices d'opinion, les autres des concessions
» de position, tandis que d'autres enfin consentaient à
» différer la réalisation immédiate de leurs tendancès
» politiques... Aux approches du péril, les illusions
» tombèrent, les yeux s'ouvrirent, les hommes de
» bonne volonté et de bonne foi se confièrent résolu-
» ment à la démocratie et à son esprit, et la Répu-
» blique fut faite. » (*Discours à Belleville*, 1875.)

Bonne foi, dévouement, honnêtes gens, voilà des mots pleins d'espérance ; mais si je veux croire à votre bonne foi, à votre sincérité, à vous, républicains, comment voulez-vous que je croie à la bonne foi, à la sincérité de ceux à qui vous prétendez ouvrir largement le grande porte?

Je ne veux faire aucune personnalité; mais est-il possible, si vous restez inébranlables, implacables sur le terrain des principes, que vous puissiez rallier autour de vous les hommes de parti qui diffèrent avec vous, non de nuances, mais totalement de point de départ, et dont les principes sont irréconciliables avec les vôtres.

Vous voulez le gouvernement de tous par tous; eux veulent le gouvernement du plus grand nombre par quelques-uns.

Et je constate que, pour arriver à cette cauteleuse union, vous seuls faites des sacrifices d'opinion, et votez tout simplement ce que désire cette majorité d'ennemis qui vient à vous dans la seule intention de vous étouffer.

Vous vous désarmez d'avance, au nom de la concorde, et vous vous préparez, en marchant avec eux, cette double alternative, ou d'avoir à combattre vos anciens alliés, ou de marcher à la tête de la réaction qui se servira de vous comme d'une digue contre la marée montante du peuple désabusé, lorsqu'il voudra combattre à nouveau pour ces mêmes principes tenus à l'écart au milieu des préoccupations politiques du moment.

Mais rappelez-vous donc l'histoire de 1848; rappelez-vous ce que vous en disiez :

« Mais si cette tâche n'a pas été accomplie, si ce
» glorieux mouvement a ainsi avorté, il faut voir à qui
» en est la faute, il faut établir nettement la responsa-
» bilité, il faut surtout rechercher ce qui résulte des
» habiletés de nos adversaires.

. . . .

» Oui, cette République a péri sous la conjuration de
» ces deux forces que j'indiquais tout à l'heure : le

» compromis tout à fait hasardeux, tout à fait immoral
» que l'on avait noué pendant 45 ans; l'idée fausse que
» l'on avait inoculée à la conscience française; et en-
» suite les haines, les calomnies, dont les partisans
» de l'ordre déchu se sont servis avec une activité
» redoutable contre les institutions nouvelles. » (*Discours au banquet de la Jeunesse.*)

Or, quels étaient ces partisans de l'ordre déchu ?

« Des hommes qui, dix-sept fois, acclamaient la
» République pour mieux l'égorger ensuite. » (*Discours
à Grenoble, le 26 septembre* 1872.)

Rappelez-vous aussi cette prédiction faite autrefois
par vous à l'empire, et que l'événement a pleinement
justifiée :

« Toutefois, il faut retenir cette remarque que,
» depuis les élections générales, depuis le pas fait par
» l'empire pour se dérober, comme disait M. le garde
» des sceaux, à son passé autoritaire et entrer dans la
» voie du régime libéral, on a vu se grouper réelle-
» ment autour du gouvernement tous les partisans de
» la monarchie constitutionnelle. Je ne dis pas cela
» pour lui inspirer la moindre susceptibilité à l'égard
» de ses recrues. En aucune façon, et je trouve même
» fort politique, de la part des partisans de la monar-
» chie tempérée dans ce pays-ci, de comprendre que,
» en dehors de l'empire, en face du suffrage universel
» et de la démocratie qui monte, il n'y a guères de
» monarchie en dehors de l'empire à espérer pour
» eux. » (*Discours contre le Plébiscite.*)

Or, l'empire tomba sous le ministère des honnêtes
gens. Concluez donc que l'adjonction de ces recrues
dangereuses est un dissolvant pour la République
autant que pour l'empire.

Que si vous m'objectez la nécessité du moment, la
crainte précisément de ce parti bonapartiste, dont

vous avez l'air de faire fi, mais que vous redoutez certainement, puisque vous vous coalisez contre lui, ce parti qui fait consister son principe dans un homme, dans une dynastie, je vous répondrai que les partisans du régime monarchique, quel qu'il soit, sont vos ennemis au même titre, également redoutables, et qu'il faut également éviter avec soin.

Et quand vous nous dites : « La modération, la sa-
» gesse et l'esprit de calcul que nous avons introduits
» dans notre conduite politique sont mal jugés et mal
» compris. » (*Discours à Belleville*, 1875), nous avons le droit de vous répondre :

Nous croyons que vous vous trompez, et comme en vous trompant vous pouvez induire les autres en erreur, nous leur crions : casse-cou ! tout en désirant ardemment nous tromper nous-mêmes, et pouvoir le reconnaître un jour.

Mais j'ai peut-être tort, je l'avoue, messieurs, de discuter ainsi sérieusement l'homme politique et la politique du parti républicain. La politique est dans son essence, affaire de moment, d'actualité ; malheureusement, elle oublie trop souvent son origine, et devient un but. Nous, au nom des principes que nous affirmons, et sans nier l'appui que la politique peut apporter momomentanément au triomphe de ces principes, nous voulons voir avant tout dans l'avenir ; et la révolution pour nous consiste dans une question d'économie sociale, cette science précise dont Proudhon affirmait à bon droit l'existence.

Quelle que soit la forme politique adoptée, monarchie constitutionnelle, république conservatrice ou radicale, nous croyons que rien ne sera fait tant que la loi économique sociale actuelle ne sera pas complétement bouleversée dans sa base et dans ses applications.

Sans vouloir faire ici un cours de socialisme, ce qui

serait parfaitement inópportun, d'autant que le socialisme est encore une science à l'état embryonnaire,
laissez-moi dire à ceux qui défendent la loi sociale
économique actuelle : Votre organisation pêche par la
base ; elle affirme l'absorption des forces du plus grand
nombre entre les mains de quelques-uns, et l'anéantis-
sement du capital-travail devant le capital-argent.

Et quelles en sont les conséquences fatales ? Prenons
un exemple, un seul. Tel grand industriel, tel grand
magasin, le magasin du Louvre, si vous voulez, par
suite d'une agglomération de capitaux considérable,
peut produire plus et partant vendre à un bon marché
exceptionnel. A côté de lui se ruinent les petits détail-
lants, isolés, livrés à leurs propres forces, et qui tombent sous le coup de cette formidable concurrence. Il
en est de même partout. Capitaux, petits et grands,
vont aux grandes Sociétés financières, souvent établies
sur une base fictive, et nous pouvons juger tous les
jours quels sont les résultats désastreux d'une débâcle
particulière.

Or, ces hommes, ces travailleurs isolés, que les principes économiques actuellement en vigueur rejettent
fatalement dans la misère, ne voyez-vous pas qu'ils
deviendront par vous des ennemis irréconciliables, et
d'autant plus implacables qu'ils auront eux-mêmes pos-
sédé jadis et que vous les aurez dépossédés dans vos
imprudentes spéculations ?

Alors, à qui s'en prendre, si le désordre se met dans
la Société, par manque d'équilibre ? et quels seront
les véritables fauteurs responsables de nos luttes san-
glantes, de nos discordes civiles ?

C'est nous que l'on traite de révolutionnaires ; et
nous acceptons l'épithète. Oui, nous sommes révolutionnaires, parce que nous voulons la révolution dans
la loi sociale, parce que notre république réelle est une

république où le contrat, qui lie les citoyens, doit permettre à chacun de *pouvoir consommer la valeur de ce qu'il produit;* nous sommes révolutionnaires, parce que nous voulons clore l'ère des révolutions, parce que nous sommes, nous, les vrais conservateurs, les vrais amis de l'ordre et de la justice.

La justice, c'est une question d'équilibre, et ce n'est pas un vain symbole, la balance qu'elle tient à la main.

Gambetta nie la question sociale : il est vrai qu'il ajoute : « Il y a une série de problèmes à résoudre. » Et c'est précisément la résolution de ces problèmes qui constitue la science économique ; problèmes variés, suivant les climats, les habitudes, les nécessités locales de la vie des peuples, et si la formule n'est pas une, — car nous ne sommes pas assez insensés pour croire à cette formule unique qui serait la panacée universelle, — nous pouvons du moins indiquer d'avance le but à atteindre, dont l'étude doit être notre préoccupation constante de chaque jour.

Certes, nous comprenons, nous acceptons ce qu'on appelle en langage juridique les dispositions transitoires, mais nous nous séparons du parti républicain de France en ce sens que nous ne voyons pas, comme lui, l'avénement de la nouvelle loi sociale, dans un avenir éloigné, par le modérantisme, au nom d'une vague fraternité, mal définie, sentimentale ; mais que nous en voulons amener la réalisation prochaine, par la logique et la science, non seulement dans l'intérêt de ceux qui souffrent, mais dans celui de ceux qui font souffrir les autres, en vertu de l'organisation sociale actuelle.

Et s'il me fallait donner une définition exacte du mot Révolution, je n'en connais pas de meilleure que celle-ci : *Le triomphe de la somme des connaissances scientifiques acquises à une époque.*

Donc, travaillons en commun ! *Laboremus !* Je profite avec joie de l'occasion qui m'est offerte d'emprunter ma conclusion à l'intelligence supérieure que j'ai tenté de discuter devant vous. Travaillons, et nous préparerons l'avénement de ces nouvelles *couches sociales* que Gambetta signalait à Grenoble, pardessus les niaiseries politiques des partis et les programmes éphémères des personalités qu'on a le tort de croire indispensables. Indispensables, jamais, — les hommes nécessaires n'existent pas; dangereuses, quelquefois, non par elles-mêmes, mais par leurs coryphées, par tous les intrigants qui se groupent autour d'elles et qui, gravitant dans leur orbite, possèdent, à défaut de conviction, le désir d'arriver.

La conviction, messieurs, voilà ce que nous respectons avant tout. Nous respectons un légitimiste convaincu; et nous sommes persuadés qu'une nation, quand elle possède une conviction, même contraire de tous points à la nôtre, est une nation qui porte sa vie en elle et qui ne peut mourir.

Nous sommes des hommes de conviction : et c'est pour cette raison que les gens sans conviction nous traitent volontiers de canailles.

Peu nous importe ! nous, les vaincus d'hier, les vaincus de demain peut-être, nous ne désespérons pas, nous ne désespérons jamais.

Travaillons en commun! Voilà notre mot d'ordre. Et je suis heureux et fier d'avoir accolé mon nom à cette œuvre de régénération sociale qui vous a plutôt attirés ici que l'espoir de m'entendre.

Travaillons ! *Laboremus !* et bientôt nous verrons justifiée la prédiction de Rossel : « La démocratie trou-
» vera des défenseurs moins indignes et moins inca-
» pables que nous ! »

Brux. — Typ. et lith. A. Lefèvre, rue St-Pierre, 9.

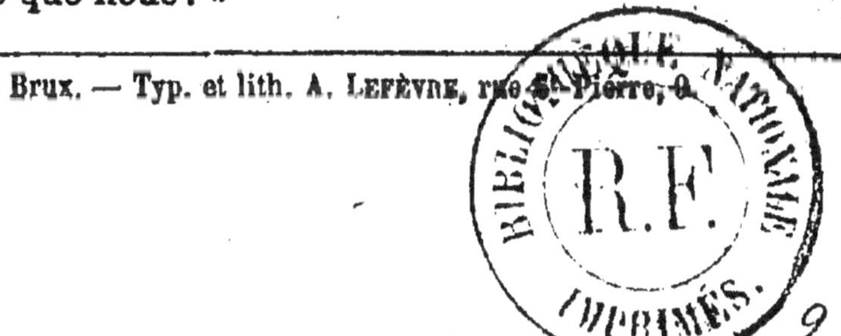